www.ingramcontent.com/pod-product-compliance
Lightning Source LLC
Chambersburg PA
CBHW020328160726
47992CB00004B/1750

سأُنشِدُ موَّالي

ياسين بُعبسلام

سأُنشِدُ موَّالي

شعر

إصدارات دائرة الثقافة، حكومة الشَّارقة 2024 م

الناشر: دائرة الثقافة ـ حكومة الشارقة ـ الإمارات العربية المتحدة

الهاتف: 5123333 6 971+

البرَّاق: 5123303 6 971+

الموقع الإليكتروني: www.sdc.gov.ae

البريد الإليكتروني: sdc@sdc.gov.ae

تصميم الغلاف: ضياء الدين الدوش

————

811.964

ب ي . س   بعبسلام، ياسين

سأنشد موالي / ياسين بعبسلام .ـ الشارقة، الإمارات العربية المتحدة : دائرة الثقافة، 2024.

224 ص. ؛ 21X14 سم.

البحث الفائز بالمركز الأول بجائزة الشارقة للإبداع العربي في مجال الشعر، الإصدار الأول، الدورة 27، 2023.

1 – الشعر العربي – المغرب

2 – الشعر العربي – دواوين وقصائد

أ. العنوان

ب. جائزة الشارقة للإبداع العربي (27، 2023)

ISBN: 978-9948-762-829

إهداء

إلى القَصيدةِ التي لم أكتُبها بعد:

لا تيأسي من انتظاري..

مثلما لم أيأس أنا ليلةً مِن وُصولي!

مِن فمَي أولَدُ

«الشعر تأسيسٌ للوجود بواسطة الكلام»
هايدغر

مُؤمِنٌ بالكِتابةِ أم مُلحِدُ

مَن أنا خارِجَ النصِّ؟

لاَ أَحَدُ

كُلُّ معنىً هُوَ: «الرُّوحُ مِن أمرِ رَبّي»

ولَفظٍ نطقتُ بهِ: الجَسَدُ

نُطفَةً كنتُ في رَحِمِ اللُّغةِ؛ الشِّعرِ

مِن بَطنها..

مِن فَمِي أُولَدُ

ليسَ لي اسمٌ ولا صِفةٌ

وَجهيَ: الإستِعارَةُ تدنُو وتبتَعِدُ

في القَصيدةِ أعرفُ نفسِي الّتي

حينما تنتهي سوفَ أفتقِدُ

في ارتِعاشةِ أسطُرها النَّازِفاتِ
وجُرحِي الَّذي خلفَها يَرقُدُ

أصنَعُ النَّارَ
للقارِئِ المُستَحيلِ
ومِن زَيتِ حُزنيَ أتَّقِدُ

جئتُ مِن حَمأِ الشِّعرِ..
مِن صُلْبهِ وتَرائبهِ دَفقَتي تَصعَدُ

راضِعاً لَبَنَ الأُغنيَاتِ
لِذَا كنتُ أنمو وأكبُرُ إذ أُنشِدُ

لمْ أخُن عُزلَتي أبداً..
كلَّ ليلٍ وَحيداً بصوتيَ أحتَشِدُ

فوقَ هذا البيَاضِ
نَصَبتُ خَيَالي
لِسربِ القوَافِي الّذي يَفِدُ

وسَفَحتُ دُموعي لهَا

مَنبعاً أخضَراً.. ماؤُهُ العَذبُ لا يَنفَدُ

أيّها الحِبرُ

أنتَ لِكينُونَتي سبَبٌ

لِوُجُودِيّتي وَتَدُ

لَستُ مُحتَمِلاً خِفّتي..

لَستُ أثقَلَ مِن فِكرَةٍ؛ ظَبيَةٍ تَشرُدُ

قلبيَ الهَشُّ مثل الزجاجُ
يُطارِدُه الأَمسُ يهرُبُ مِنهُ الغَدُ

حينَ أكتُبُ
أُبعَثُ مِن عتْمَتِي
من أنَا..
غَيرَ مَا حبّرتهُ اليَدُ

هذه الأحرُفُ المُنتَقاةُ
الّتي فوقَ حافاتِها الآنَ أستشهِدُ

شَطْحَتِي..
حَبلُ مِشنَقَتِي
صَرخَتِي: مَدَدٌ مَدَدُ

بوصلةٌ للمَلِكِ الضّليلِ

«لم يقل أحدٌ لامرئِ القيس ماذا صنعتَ بنا وبنفسك؟»
محمود درويش

كما يَتبعُ النهرُ مجراهُ
دونَ التفاتٍ إلى الخلفِ
سِرنا وراءَكْ

ونحنُ على الأرضِ
كانت (قفا نبكِ) عَاليةً مثل نسرٍ
وكنتَ وَحيداً هُنالِكَ
في الأبجديّةِ تَبني سَماءَكْ

15

هُنَاكَ بِسِقْطِ اللِّوَى

حيثُ بايعك الشُّعَرَاء

وأعْلَوا لِوَاءَكْ

أيها المَلِكُ المنتسى..

لمْ نَرِثْ عَنكَ إلّا ضلالَكَ

حين أضعتَ الطّريقَ إلى الثأرِ

إلا اعتلالكَ مِن قُرحَةِ الشِّعرِ

إلّا اكتِواءَكْ

لمْ نَرِثْ لُغةً فحلةً فحلةَ اللّفظِ

بِكرَ المعاني تَسيلُ البَلاغَةُ منها

ولاَ نَزْغَ شيطانِ شِعرِكَ

حينَ تَزُفُّ إلى العابرينِ غِنَاءَكْ

ولكن وَرِثنا عَنَاءَكْ

وأنت «تَذُودُ القَوافيَ عَنكَ

وتعزِلُ مرجانَها جَانباً» ووَرِثنَا

مُعلّقةً لم تُصدّقْ فَنَاءَكْ

حين شئتَ الخلُودَ وشاءَكْ

شَطَّ هذا الزّمانُ بنا

وامتطينا القِطاراتِ حَطّ بنا شَوقُنا

في المطاراتِ لكننا لم نَزلْ

فوق صَهوة خَيلِكَ رهنَ مَجازٍ «مِكَرٌّ مِفَرٌّ»

ورهن مِزاجِ الهَوى «مُقبِلٍ مُدْبِرٍ»

لم نَزلْ نَستَلِذُّ انتشاءَكْ

يا امرأ القيسِ..

كيف مشيتَ بنا كُل هذي القَصائد

مِن دون أن تَسقط الإستِعَارَةُ

عن سرجها أو تزيغَ التّشابيهُ عن وَجهِهَا؟

كيفَ صِرتَ إلى قَبرِكَ

المشتهى تاركاً للصّحاري حُدَاءَكْ؟

يا أَبَانا الّذي في المجازاتِ

فلتُعطنا خُبزَ أشعَارنا..

وحدَهُ الشّعر يشهدُ أنكَ فِينا

عَرفتَ اهتِدَاءَكْ

وِشايةُ العطر

«للروائح قُوة إقناعٍ أكبر من الكلمات»
باتريك زوسكيند

وَشْوَشَ العطرُ لي..

وشوَشا

ووَشَى.. بالبهاءِ

وَشَى

بالدَّلالِ الذي ينثني

ناثراً حولهُ النَّمَشَا

يتركُ النحلُ بي لسعةً

كُلّما طَرفُها رمَشَا

هل أرى وردَةً؟

أم أرى فمَها؟

أم أرى غَبَشَا؟

ضرّجتني دَماً..

عندَما أنضجَتْ خدَّها

مِشمِشا

وانتقَت
لونَ فُستانها
فسَقَتْ أنمُلِي عطَشا

كنتُ عن صَبْوَتي تائباً
لم يدَع لي الرَّشَادَ الرَّشَا!

النزوحُ إلى أقصى المجاز

لأنِّي هُنا

تحتَ البشاعَةِ أرزَحُ

بعيداً..

إلى أقصى المجازِ سأنزَحُ

إلى بَلَدٍ

لا يَسْتَلِذُّ مواجعي

ولستُ على أشواكِهِ أترَنَّحُ

ولا يبئدُ الأحلامَ

في عِزِّ صَحوِها

ويبخلُ بالقُوتِ الَّذي اللهُ يمنَحُ

تَعالوْا مَعي إنَّ القَصيدةَ رَحْبةٌ

إذا ضاقتِ الأوطانُ

والشِّعرُ أفسَحُ

فما ظلَّ غير الحزنِ

يَغزل دَمعَهُ

وحربٍ عليها الناسُ تُمسي وتُصبحُ

سألتُكَ يا غيثَ الكِناية

دُلَّني على وردةٍ

فيها الندى ليسَ يُذبَحُ

ورُكنٍ

بهِ الأشياءُ تَحيا سليمةً

مِنَ الخوفِ

والأيدي الّتي تَتَسلَّحُ

أتوقُ إلى عُصفورةٍ لا تَمُجُّني

وصفصافةٍ عن جوعٍ فأسيَ تصفَحُ

وبَحرٍ إذا ناوَشْتُهُ
رَقَّ مَوجُهُ
وما عاد بالغرقى يَهيجُ
ويَطفَحُ

سألتُكَ يا برقَ التَّشابيه
خُذ يَدي
فإني غريبٌ ما لوجهيَ مَلْمَحُ

أنا هاربٌ

مِن كُلِّ يومٍ أعيشُهُ

وكلِّ غدٍ..

بالأُمنياتِ يُطوِّحُ

مِن اليأسِ

والخَيباتِ وهْي تَضُمُّني

ومِن كفِّ آمالٍ..

ورائي تُلوِّحُ

كأني كَبَحتُ القلبَ

عن كُلِّ شَهوةٍ

وما ظلَّ في رُوحي سِوى الشِّعرِ يجمَحُ

وقهوتيَ السَّوداءُ

حينَ أزُفُّهَا

إلى النارِ

أقصى ما لِلُقياهُ أطمَحُ

نوستالجيا

«هكذا نستمرّ، قوارباً ضد التيار، بالعودة دون توقفٍ إلى الماضي»
سْكوت فيتزجيرالد

خلفَ ماضيَّ أمضي

بذاكرةٍ لا تنامْ

أَلثُمُ وَجهيَ كي لا يراني

وأتبعهُ كلّ يومٍ لأعرفَ أينَ مضَى

حاضرَي غائبٌ

وغدِي ضائعٌ في الزّحامْ

تاركاً ساعةَ اليَدِ تمشي..

أسافرُ عكسَ اتّجاهِ عقاربها

لا يهمّ إذا ما تأخّرتُ عن موعدِي..

الذكرياتُ تُحبُّ انتظاري

وتعرفُ أنّيَ سوفَ أجيءُ

تماماً معَ الوقتِ: بعدَ فَوَاتِ القِطَارِ

مُرهَقاً مُرهَقاً كالوَتَرْ

مُرهَفاً مثل زخّاتِ هذا المطَرْ

كم قضَيتُ سحابةَ حُزني أحِنُّ إلى...

أيّها الأمسُ هل نلتقي اليومَ؟

سوف أُغافِلُ تقويمنا السّنَويَّ

وآتي لنشربَ فنجانَ قَهوَهْ

معي فائضٌ من دُمُوعي

ونوستالجيا مُرّةُ الأسئلةْ

زمني ذائبٌ..

مثل ساعاتٍ لوحةِ دَالي

شبحٌ عابرٌ من خِلالي

لستُ أحسُبُهُ بالنّهاراتِ أو باللّيالي

لا أرتّبهُ بالشّهورِ

زمني: ما يَجولُ بذاكرتي

مِن وُجُوه تَناسيتُها وأماكنَ كُنتُ بها

ما أضِجُّ بهِ من شُعورِ

زمَنٌ هاربٌ كيفَ ألحقهُ؟

وأنا كَرمةٌ عَتَّقَ الحُبُّ عنقودَها

أيها الليلُ خَفِّفْ على القلبِ

وطأةَ هذا الأرَقْ

دميَ الحبرُ أنزِفُهُ أحرُفاً

جسَدي مِن ورَقْ

رِسالتُها الأَخيرة

«إنَّ يومَ الفِراقِ أَفظعُ يومٍ
ليتَني مِتُّ قبلَ يومِ الفراقِ»
ابن عبد ربّه

سَلاَّمٌ

على مَن سَلا

وغابَ وما سَألا

بحقِّ اشتياقي

أَلَا تُفكّرُ فيَّ؟

أَلَا...؟

هَجَرتَ

وعَادَتُكَ القديمةُ

أنْ تَصِلا

فلم تُبقِ بي رَمَقاً

ولمْ تُبقِ لي أمَلا

بَكيتُكَ جِدّاً

كما بكى شاعِرٌ طَلَلا!

ولُمتُكَ يَا قَاتِلي

كثيراً لِتَتَّصِلا

وأنتَ..

كما أنتَ

لاَ تُحِسُّ بما حَصَلَا

أَتَذكُرُ أَيَّامَنا؟

ومَوعِدنَا الأوَّلَا؟

وعِشقاً حَلَفنا بأنْ يَظلَّ

ولن يَذبُلَا؟

ويومَ مَسَكْتَ يَدي

فأفلتُّها خَجَلَا

وكم مِن هدايا

وكم عِناقاً

وكم قُبَلا؟

فَصِرتُ بكَ

امرَأةً

وأصبحتَ بي رجُلَا

أتَهدِمُ كلَّ ٱلذي بنيناهُ

فاكتَمَلَا؟

وتَترُكُني فجأةً

أعيشُ لوحدِي

على...

تُراكَ تبَدّلتَ؟

أمْ وجدتَ ليَ البَدَلَا؟

فأضحيتُ

مُضْجِرَةً

وحُبِّيَ مُبتَذَلَا

سأحمِلُ نفسي إذنْ

وقلبي الّذي انخذَلَا

وأرحلُ يَا صَاحِبي

فلا تنسَ مَن رَحلَا

أنا مِتُّ حقًّا!

فعِشْ لتضرِبَ بي مَثَلَا

إذا سألوكَ

فقُلْ:

«مِنَ الحُبِّ ما قتَلَا!»

لُزوماً لما لا يلزم

أَشتَهي إِحرَاقها

في القلبِ
مَن لا أستطيعُ فِراقَها
أسكنتُها بيتَ القَصيدِ.. فَراقَها

ثَبَتَتْ مَحبَّتُها كسِدْرِ المنتهى
في الصَّدرِ حتى أنبَتَتْ أورَاقَها

وسَمَتْ إلى مِعراجها
مِن نَظرةٍ
قَذَفَتْ بِرُوحي بَرْقَها وبُرَاقَها

سَمراءُ..
تَلفَحُ خَدَّها الشَّمسُ الّتي
كَسَفَتْ بِطَلعةِ وَجهِهَا إِشرَاقَها

في عِطرِهَا الجُورِيُّ
ذبّحَ نَفسَهُ
ودِماؤُهُ
فوقَ الشِّفَاهِ أرَاقَها

حَلَفَتْ بأنّي مُهرِقٌ في حُبّها العَبَرَاتِ
حَتّى أَيْبَسَتْ مُهرَاقَها

يا لَيلُ..
أبلِغها بأنّي مُدنَفٌ
وحَمَلتُ عنها في الهَوَى إيرَاقَها

لَا أفتَديها باشتِياقي
إنّما مِن فَرطِ شَوقي أشتِهي إحرَاقَها

حرفُ جَر

أُلقي ببئرِ اللَّيلِ نفسي..
كالحَجَرْ
أُنشُودَتي هذا المسَا:

ضَجَرٌ ضَجَرْ

حَنَّأْتُ كَفَّيْ عُزلَتي بقصيدةٍ
ونفختُ بالُونَ الأَسَى حتَّى انفجَرْ

وصرختُ

مِلْءَ فمِي فلمْ أسمَع سِوى

رجْعِ الحَفيفِ

على جثَامِينِ الشَّجَرْ

قلبِي

مَحَجُّ وسَاوسٍ

وكآبتِي

مَجرُورَةٌ صوْبِي

كأنِّي حرفُ جَرْ

ما زلتُ
أرقُبُ خيطَ فَجرٍ كاذِبٍ
وأقولُ:
أرحَلُ في الصَّباحِ مع الغَجَرْ

لم أنتَصر للشعر

أمشي..
تُجاهَ عُيُونكِ الحَوراءِ
وقصائِدُ الغزَلِ القديمِ
وَرائي

يا فِتنةَ المَرئيِّ
ليسَ لحُسنهِ شبَهٌ
ويا فتّانةً للرّائي

كُوني لِباساً لِي

فقد شرَّدتُ قلبي

في غِيابكِ

وارتدَيْتُ عَرائي

كُونِي بلاداً

لا تُحاكمُنِي

فإنِّي نازحٌ مِن سُورةِ الشُّعَراءِ

وعلَيَّ جِنّي..
مثلما في اللّيلِ
كانَ على النبيِّ يحِنُّ غارُ حِراءِ

أنا لستُ إلاّ عاشقاً
أسرَتْ بهِ فرَسُ الخيَالِ
وزلَّ في الإسراءِ

ما هِمتُ في وادٍ
سوى ذاتِي
ولمْ يَتْبَع فَمي الغَاوُونَ للصّحراءِ

لمْ أنتصِرْ للشّعرِ..
ليسَ معي منَ الكلماتِ
غير هزائمِي النّكراءِ

إني خرجتُ مِن القصيدَةِ
شاعراً صِفرَ المجازِ
وأشهِدِي قُرّائِي

قد كنتُ أغنَى الأغنياءِ عن الهوى
واليومَ قلبِي أفقرُ الفُقَراءِ

عَطِشتُ إليك

أرِقْ مَولايَ مِن سَهَرٍ ووِرْدِ

دمِي الحلَّاجَ

دمعِي السُّهْرَوَرْدِي

فمَا في جُبَّتِي إلا ذُنُوبٌ

وقفتُ أعدُّها.. يا طُولَ جَرْدِي

وما في جَنَّتي إلَّاكَ مَهمَا

مِنَ الجنَّاتِ

أبلَى النَّاسُ طرْدِي

دعوتُ
أريدُ وَجْهَكَ في غَداتِي
لأنَّكَ بالعشيِّ
حرَدْتَ حَرْدِي

وحينَ جلَوتُ نورَكَ بالمَثَانِي
خَفِيتَ تَفَرُّداً
عن كُلِّ فَرْدِ

فلستُ أجيءُ
يومَ الحَرِّ حُرّاً
وما أغنَى بيَومِ البَرْدِ بُرْدي

إلَهي..
لا تُثِبْ صَومِي بأجرٍ
كفَى بالذِّكرِ يُحْيِيني ويُرْدِي

عطِشتُ إليكَ

لمْ أنهَلْ بماءٍ

وجعتُ إليكَ

لمْ أحفَلْ بثُرْدِ

فَمِي المَشقوقُ

نايٌّ مَوْلَوِيٌّ

يبوحُ بسرِّهِ رسْتٌ لكُرْدِ

وقَلبِي الغَضُّ

دَرويشٌ مُعَنّىً

يَدُورُ يَدُورُ.. يَشرُدُ أيَّ شَرْدِ

مَدَدْ..

ما هامَ تحتَ العَرش نَجْمٌ

مَدَدْ ما حَام نحلٌ فوقَ وَرْدِ

مَدَدْ..

يا رَبُّ مُدَّ إلَيَّ لُطفاً

بَرِمْتُ بحُزنِ شُيّابٍ ومُرْدِ

ومُذ طاعَنتُ في الدُّنيا افتِتَاني

فمَا قدَّرْتُ في عمَلي

وسَرْدي

وهذا اللَّيلُ

مِن أَمَلٍ ليأسٍ

يُبدّلُ في يدِ الأحوَالِ نَرْدي

هُنَّ مَنْ هُنَّ

وَيحَ لَيلي السَّاهي
عن الصَّلَواتِ
مِن وُجوهِ الغِيدِ اللَّواتي اللَّواتِي..

يَستَرقنَ العِناقَ
مِن كُلّ نهرٍ
ويُرِقنَ العُشّاقَ في الفَلَواتِ

أخوَاتِ النَّدى الخَفيفاتِ ظِلّاً
وذواتِ الشَّذا مُذيبِ الذَّواتِ

كم ذَرَوْنَ السُّهَادَ
فوقَ جُفُونٍ
وحَرَمنَ الزُّهَّادَ مِن غفَوَاتِ

باقتِطافِ المَشيِ الَّذي يتراخَى
وانعطافِ القِوامِ
والخَطَوَاتِ

كُلَّما رُحنَ أو غدَونَ..
تَجلَّى الْحَقُّ
عندَ الرَّوْحاتِ والغدَوَاتِ

الظَّريفاتِ إن يُحاولنَ مُلكاً
والضَّعيفاتِ
ناعماتِ القُوَّاتِ

والرَّخيماتِ مَنطِقاً..
كلُّ أذْنٍ
تَستبيها رخَامةُ الأصواتِ

مات أحياؤُهنَّ شوقاً
ولمَّا زُرنَ قبراً..
شوَّقنَ كمْ أمواتِ

تجدُلُ الشَّمسُ شَعرهُنَّ مَغيباً

وتراهُنَّ الكأسُ

صهباواتِ

فمتى قد نقَصنَ عقلاً ودِيناً

زِدنَنا صَبْواتٍ

على صَبَواتِ

الْمُهَيْراتُ

ليسَ يجمَحنَ إلاَّ

واقترَحنَ الجِيادَ للكَبَواتِ

والمَريراتُ

حينَ يجرَحنَ لولا

هُنَّ بعضُ الحَلائلِ الحُلْواتِ

هُنَّ مَن هُنَّ..

المُؤنساتُ الغوالي

مُخفياتُ العرسانِ في الجَلَواتِ

لمْ يُخطِّطنَ بالمكاحلِ طرْفاً

في عُيونٍ خُلِقنَ نَجْلَاواتِ

كلُّ وقتٍ في هَجرهنَّ
عَصيبٌ
ولوَصلٍ مِنهنُّ
وقتٌ مُوَاتِ

ما عساني

لِسَيِّئةِ الطِّباعِ مِنَ الحِسَانِ

حلَلْتُ القلبَ..

لمْ أحلُلْ لِسانِي

كساها اللهُ عافيةً

بِقدرٍ

الذي مِن ضُمْرِ جسمِي

قد كساني

لها جفنانِ مَشلُولانِ

لكنْ بقتلِ المُشتهي مُتَمَرِّسانِ

فسُبحانَ المُقَدِّرِ كلَّ وقتٍ

متى يستيقظانِ

ويَنعَسانِ

يئنُّ البَيلسانُ

إذا رآها

فمن يُخفي دُموعَ البيلسانِ؟

تقلّدَ شَعرُها القاني دِمائي

وكفّاها

وإن لمْ يمسَسَانِي

فقلتُ لها:

عساكِ أخذتِ ثأراً مِن العُشَّاقِ

قالت: ما عَساني...؟

طرقٌ علَى باب القَصيدَة

ما لِلقصيدَةِ ليسَ تفتحُ بابَها؟
هل غَادَرَتْ؟
أم غَيَّرَتْ أحبَابَها؟

مُذ ليلتينِ أدُقُّ..
لمْ أسمعْ لها جِرْساً
ولا كشَفَ النِّداءُ ضَبابَها

هيَّأتُ مِحبَرَتي وأورَاقِي
علَى رَملِ الكَلامِ
لكي أخُوضَ عُبابَها..

وسبَحتُ أبحُرَها الطَّويلةَ كلَّها

ورَكِبتُ وَزْناً

رعذَهَا ورَبابَها

رَاوَدتُها عن نفسِها

فتَمنّعَتْ شَكلاً

وأسدَلَ نَصُّها جِلبابَها

هَذي القَصيدَةُ مِثل فاكهةٍ

نُقَشّرُها.. ولكن لا نَذوقُ لُبَابَها

هِيَ منذُ كانَ الشِّعرُ

غانِيةٌ بلا قلبٍ..

وتجحَدُ في الهَوى أربَابَها

كَسَدَت عُكاظُ

فمن يُعيدُ الشِّعرَ سُوقاً

ليسَ تنتزِعُ الرِّياحُ قِبابَها؟

إليوتُ إنَّ الأرضَ مُجدِبَةٌ هُنا

من سوفَ يُحيِي بالمَجازِ

يَبابَها؟

فسَّرتُ أسبابي..
لعلّ حبيبتي البكماءَ
تشرَحُ مَرّةً أسبابَها

حتّامَ ترتشفُ القَصيدَةُ عُمرَنا
ونموتُ نحنُ
لكيْ نُدِيمَ شَبابَها؟

أنمو لأصبح ورقةً خضراء

لا شَيءَ يُغري بالحياةِ

سوى الفُضولِ

لرؤيةِ الأشجارِ تبحثُ

عن مَلامحِ وجهها بينَ الفُصولِ

منذُ الوِلادةِ

مُوجَعٌ بالأُوكسِجينِ

تعبتُ من قَلَقِ التَّنَفُّسِ..

والحَنينِ إلى الوُصُولِ

وأنا أفكّرُ كيفَ أحيا

فَرَّ منّي الوقتُ مثل اللِّصِّ

والأيامُ مرّتْ بي كأنّي لمْ أعشْها

لي وِجهةٌ ما في الحياة..

عرفتُها طِفلاً وحين كَبِرْتُ

حِدتُ عنِ السّبيلِ

وسقطتُ بين غَدي وأَمسِي

ليسَ لِي أمَلٌ بشيءٍ في الوجودِ اخترتُ يأسِي

وحملتُ نفسِي صوبَ مِشنَقتي بنفسِي

أنا قاتِلِي وأنا قتيلِي

لا شيء يُغري بالحياةِ

سوى الرّحيلِ

في الحُلْمِ أعرفُ من أنا

فإذا صحوتُ قطَعتُ بِي صِلَتِي:

أنا ابنُ قصائدِي

أشرعتُ للكلماتِ أخْيِلَتِي

وسرتُ وراءَ ضوءٍ مُستحيلِ

فأضَعتُ بَوْصلِتي على الدّربِ الطويلِ

هَذِي الحياةُ كثيرةٌ جداً عَلَيَّ
يا أيها الموتُ الذي سيزُورُني عمّا قليلِ

قبري هُناك حَفَرْتُهُ في رُكنٍ مقبرةٍ
وشاهِدُهُ كتبتُ عليهِ إسمِي
أحتاجُ تاريخاً فقط لأموتَ حقّاً
كلُّ شيءٍ جاهزٌ: كفَنٌ.. وصُنْدُوقٌ لجِسمِي
ونوائحٌ يجهلنَ معنى الحُزن
يُتقِنّ الإطالةَ في العَويلِ

دقُّوا طُبولي..

جسدي الذي أطعَمتُهُ زمناً تيَبّسَ

مثلَ أوراقِ الخريفِ

ولمْ يعُدْ إلَّا جَديراً بالذُّبولِ

الآن يَحملُني المُشاةُ على كواهلهمْ إلى مَثوايَ

رُوحي ريشةٌ ودَمِي تشبَّعَ بالذُّهولِ

وأنا هُناك ممدّدٌ في تُربتِي

لا شيءَ مَرجُوُّ الحُصولِ

أدري بأن حياتيَ اكتَمَلتْ وأشعُرُ

أن لي معنىً أخيراً..

الآنَ أُبعَثُ وَردةً يقتاتُ منها الطيرُ

أو أنمُو لأصبحَ وَرْقةً خضراءَ من شجَرِ الحُقولِ

رقيمٌ لصاحب الكهف

(1)

آوي إلى الكَهْفِ..

وَجهي لَابثٌ أمدَا

مَكثتُ لِي ساعةً.. أم مَاكِثٌ أبدَا؟

ضُرِبتُ فيها عَلى أُذني

نَقَصْتُ فماً.. وغِبتُ فيها عَنِ الدُّنيا فَزِدْتُ هُدَى

وَكُنتُ في فِتْيةٍ يَدعونَ خَالِقَهُمْ: يَا رَبُّ

«هَيِّءْ لَنَا مِن أمرِنا رَشَدَا»

فلستُ أُحصي مَنُوناً مُتُّها زَمَناً

ولستُ أُحصِي سِنيناً عِشتُها عَدَدَا

وهَا أَنا كُلَّما حَدَّقتُ في شَبَحي مُلِئْتُ رُعْباً

وقَد وَلَّيتُ مُبتَعِدَا

تَزَاورُ الشَّمسُ عَنِّي ثُمَّ تَقْرِضُنِي

ذاتَ الشِّمَالِ.. وأُمضي اللَّيلَ مُفتَقِدَا

ويَحسَبُ النَّاسُ أنِّي مِثلهُمْ يَقِظٌ

لكنّني بينَهُمْ أمشِي كمَن رَقَدَا

(2)

آوِي إلى الكَهف.. لا الخِلاَّنُ تَعرِفُني
وَلستُ أكثَرَهُمْ مَالاً ولا ولَدَا

لِي جَنَّةُ الشِّعرِ لَا أُوتَى بها عِنباً ولَا نَخيلاً
وحسْبِي أنْ تَبيدَ غَدَا

صَعيدُها باتَ مِن فَرطِ الأَسَى زَلَقاً
ومَاؤُها الغَوْرُ لا يرتَدُّ قَطْرَ نَدَى

فيها القَصَائدُ..

كمْ روَّيتُها بدَمِي

وحِينَ عَاشَتْ

أماتَتْ مُهجَتِي كَمدَا

جَزَزْتُها وَرَقاً واجتَزتُها أَرَقاً فَحُزتُها حُرَقاً

لا تَبْرَحُ الكَبِدَا

أُقلّبُ الكَفَّ فوقَ الكَفِّ..

خاويةٌ على رُؤَاها الّتي أهلكتُها لُبَدَا

في الكَهف أقعُدُ..

حيثُ الأرضُ بارزةٌ نُصْبَ القِيَامَةِ

حيثُ الوَقتُ قَد قعَدَا

تَذْرُو الرِّياحُ هَشِيمِي كُلَّ نَاحِيَةٍ كأنّني جَبَلٌ

مِن ثِقْلِهِ انجرَدَا

ولَا أقُولُ سوى: يا لَيتنِي عَدَمٌ

وليتَ مِثليَ يومَ الخلْقِ مَا وُجِدَا

ما كُنتُ مُنتَبِذاً إلّا الثَّرَى وَطَناً

أو كنتُ مُتّخِذاً غيرَ الكَرى عَضُدَا

لولاَيَ ما أعلَنَ الشّيطانُ ثَوْرَتَهُ

ولاَ مَلَاكٌ

بأمرِ اللهِ قد سَجَدَا

سَامحتُ إبليسَ.. لم يَسجُدْ لطينِ أبي

ولمْ أسامح أبِي للنّارِ مَدَّ يَدَا

(4)

متى مَضيتُ.. فلا أَمضِي بهِ حُقُباً

ولا بمجمَعٍ بحريهِ بلَغتُ مَدَى

ولَا وَجدتُ سَبيلي في الهوَى سَرَباً

للذكرياتِ ولا أُنسِيتُها رَغَدَا

ولمْ يَزَلْ سَفَري..

ألقى بهِ نَصَباً كأنّني صَخرَةٌ سِيزيفُها صَعَدَا

أشقى وقَلبيَ راضٍ بالشَّقَاءِ
فمَا بالُ المسرّاتِ لا تَرضى بمن سَعِدَا؟

كمْ قَال لِي الدَّهرُ لما جئتُ أصحَبُهُ:
«لن تَستطيعَ مَعِي صبراً» ولاَ جَلَدَا

والليلُ يأخذُ مَا في الحُلْمِ مِن سُفُنٍ غَصباً
ويَتركُني كيْ أحضُنَ الزّبَدَا

قَتَّلْتُ دَمعي غُلَاماً..
لستُ أعرفُ هَلْ زَكِيَّةٌ نَفْسُهُ
أم مَارِدٌ مَرَدَا

أنقَضُّ مِثلَ جِدَارٍ كُلَّ ثَانيَةٍ
فمن يُقيم جِدَارِي.. كُلَّمـا همَدَا؟

(5)

يَا كهفُ..

دُلَّ دَمِي الفَوَّارَ مِنْ قَلَقٍ

عَلَى اليقينِ فإنَّ الشَّكَّ مَا خَمَدَا

يَقُدُّني العَقلُ مِن حِرْصٍ ومِنْ نَزَقٍ فأينَ حِكمتُهُ؟

فَرَّقتُها قِدَدَا

وفِكرةً فِكرةً أصحو وأشرُدُ لَا أدرِي

مَتى قد صَحا ذِهْني.. مَتى شَرَدَا

92

كأنَّ يأجُوجَ مَعْ مَأجُوجَ مُشْتَبِكٌ بِدَاخلِي
أو كأنِّي الجمعُ مُنفَرِدَا

وكُلَّما جَاءَ ذُو القَرْنَينِ
يَجعَلُ ما بَيني وبَينِيَ سَدّاً.. رَدْمُهُ فَسَدَا

(6)

يا كَهفُ.. حَرِّرْ كتابِي مِنْ خَطِيئَتِهِ

فإنَّ لِي كاهلاً أثقلتُهُ مَسَدَا

آوي إليكَ لأنَّ الرُّوحَ مُرهَقَةٌ

وأنتَ تُؤنسُها.. إنْ تُتْرِك الجسَدَا

كيْ لا أُحِسَّ بأنِّي قد أقمتُ سُدىً بَينَ المقِيمِينَ

أو أنِّي رَحلتُ سُدَى..

آوي إِلَيكَ لأَنَّ الأرضَ ضَيّقةٌ
وسُوقُها الدُّنْيَوِيُّ الرَّحْبُ قَد كَسَدَا

كأنَّ في أُذني وَقْراً.. أُصِيخُ: فلَا بُشرَى تُزَفُّ
ولَا نذْرٌ يَرُدُّ صَدَى

ولَا مكانَ حَثَثْتُ الخطْوَ أقصِدُهُ
إلَّا وخيَّبَني مِن حَيثُما قُصِدَا

(7)

مِن حَيرتي وَسَطَ الأَشَياءِ..
لا عرَضاً أرى ولا جَوهراً في شَكْلِها خَلَدَا

مِنْ وَحْشَتِي حينَمَا الأيَّامُ تَعصِفُ بِي
ودَهْشَتِي كُلَّما أَبليْتُها جُدُدَا

لأنَّ آياتِكَ الغَرَّاءَ تملؤُنِي
وإنْ جَنَحْتُ بِرأيِي تُلْهِمُ السَّدَدَا

لستَ استعارَةَ أفلاطُونَ مُرِبِكَةً فيَّ الحوَاسَ
ولَا الظِّلَّ الذي ارتَعَدَا

وإنما أنتَ وعدُ اللهِ آمَنُهُ
وليسَ يُخلِفُ رَبُّ النَّاسِ مَا وَعَدَا

أنفَدْتُ فَهْميَ
لَمْ أنفِدكَ مَوعِظَةً
وأنتَ تُغْني مِدَادَ البَحْرِ إنْ نَفِدَا

وَلَا يجِفُّ كَلاَمُ اللهِ

لو يَبِسَتْ كُلُّ القَوَافِي ولَو جِئْنَا بِها مَدَدَا

خَرَجْتُ للضَّوءِ.. كَانَ الكَهفُ لِي نُزُلاً

وحينما صِرتُ كهفاً لمْ أجِدْ أَحَدَا

مِنكِ القَصائدُ تَستَحي

{حملتهُ أمُّه وهناً على وهنٍ وفصاله في عامين}
القرآن الكريم

مِنكِ القصائدُ تَستحي

وتُطَأُطِئُ

يا مَن لها جَنّاتُ قَلْبي مَوْطِئُ

أطفَأتُ كُلَّ جَوانِحي

مِن شَوقِهَا

إلاّ إليكِ..

تَشَوُّقي لَا يُطفَأُ

وبحثتُ عَن حِضنٍ سِوَاكِ فلَم أجِدْ
حِضناً سِوَاكِ ببرِّهِ أتدفّأُ

أُمِّي الّتي في وَجهِهَا عينُ الرِّضَى
وبِبَسْمَةٍ مِنها نَهَارِي يَبدَأُ

مِن عطرِهَا وَرْدُ الحدِيقَةِ ينثَنِي
وبنُورِها شمسُ الرُّبى تَتَوَضّأُ

وكَلامُها المــوزونُ

يــورِقُ حِكمةً

في كــلِّ نُصــحٍ ظِلَّــهَا أَتَفَيّأُ

ولَقَد أكُونُ ومِلء صَدريَ وَحشَةٌ

ومرارَةُ الأحزانِ جُرحيَ تَنْكَأُ

حَتَّى إذا وَسّدتُ رَأسِي حجْرَهَا

يَرتاحُ في خَلَدِي الضّجِيجُ ويَهدَأُ

أُمِّي الَّتي مهما كَبِرْتُ

فلَا أرَى نَفْسِي سِوى طفلٍ

إِليها يَلجَأُ

إنْ مَسَّدَتْ شَعْرِي

بِرَاحَةِ كَفِّهَا

كُلُّ النَّدُوبِ على يَدَيْها تَبرَأُ

وإذَا دَعَتْ لِي

في خُشوع صَلَاتِها

فدُعَاؤُهَا عن كُلّ خَيرٍ يُنبِئُ

إِنِّي وإِنْ مالَ الصِّبَا عن مَفْرِقي
عن وجهِ أُمِّي
لَا أَمِيلُ وأَصْبَأُ

أسكَنتُها بينَ الضُّلُوعِ
مَلِيكَةً
ومَكانَةً فوقَ الدُّنَا تَتَبوّأُ

ووَهَبْتُها رُوحِي
الّتي لمَّا تَزَلْ لحديثِها الغالي
تَجوعُ وتَظْمَأُ

يا مَنْ إِذَا أفنَيتُ عُمرِي كُلّهُ

لَبَقِيتُ أحرُفَ عِشْقِها أَتَهَجّأُ

بالكَادِ تُسْعِفُنِي البَلَاغَةُ..

كُلَّما فَتّشتُ عن معنَى الأُمُومَةِ تُفْجَأُ

حتّى استِعَاراتِي

تَخيطُ شِفَاهَهَا

حتى الكنايَاتُ الفَصِيحَةُ تُومِئُ

ويخُونُني اللَّفظُ

الَّذي نادَيْتُهُ

ويَفيضُ عن سَطْري الكَلَامُ المُرْجَأُ

يـا أُمُّ عُذراً..

فالقوافي عِندَمَا عَرفَتْ مَقَامَكِ

أقبَلَتْ تَتَلَكَّأُ

حَسْبِي إذَا لَمْ أستَطِعْ وصفاً

بأنّ قَصِيدَتِي

مِن نَفْسِهَا تَتَبَرَّأُ!

طوقٌ آخرُ لحمامَةِ ابنِ حَزم

شبَّ الحمَامُ..
وطوقُهُ مَا شبَّا
مَن غيرُنَـا لِيُعَلِّماهُ الحُبَّا؟

نحنُ اختَتَمْنا العِشْقَ
ما مِن عاشقٍ إلَّا عَلى مِنهاجِنَا يَتَرَبَّى

يا بنتَ دَرْب الحيِّ
تَشْهَدُ أضلُعي
أنِّي لأجلِكِ مَا نَسِيتُ الدَّرْبَا

مُنذُ الطُفُولةِ لم أزَلْ مُتَرَدِّداً

بين الضّفيرةِ

والعُيُونِ الغَضْبَى

كم طَارِقاتٍ بابَ قلبي..
في الصِّبا عَنهُنّ كُنتُ تَعَفّفاً أتَأَبَّى

لو كنتُ أملِكُ أنْ أُحِبَّ

لَكُنْتُ قَد أحببتُ

لَكِنْ قد سَرَقْتِ القَلبَا

هذا الذي تَأْتي مُعَانِقَةٌ
فَليسَ تُحِسُّهُ إلَّا الصَّلِيبَ الصُّلْبَا

مِثلَ الصَّحاري
ليس يُنْبِتُ أخضراً
وإذا خَطَرْتِ بهِ حَدَائِقَ غُلْبَا

هذا المريرُ لِكُلِّ بنتٍ حُلوَةٍ

وإذا وَرَدْتِ..
يَسيلُ مَاءً عَذْبَا

فكأنما بالـحُسْنِ قَد مَغْنَطْتِهِ

وجَذَبْتِهِ..

صَوْبَ المودَّةِ جَذْبَا

يا من سَبَتْ رُوحي

وحُقَّ لرُوحٍ مجنونِ الهوى

أنْ تُسْبَى

حَسبي وحَسْبُكِ أننا في سَيْرنـا

لمْ نَرْضَ غيرَ اللَّانِهايةِ حَسْبَا

كأنّني راكضٌ خلفي

يمضي بيَ العُمرُ..

أين العُمرُ بي يَمضِي؟

كأنني عِشتُ بينَ الغَمْضِ والغَمْضِ

بالأمسِ كنتُ صَبيّاً

كيفَ شِبتُ إذَنْ؟

وكيفَ مرّت سِنينٌ مِثلمَا وَمْضٍ؟

مُـــذَوَّبٌ

بيـنَ أيّـامِي الّتي انصَـرَمَتْ

وكُلَّما الشمسُ غابَتْ..

ذَوَّبَتْ بَعضِي

هَذِي الحياةُ

التي أخلَفتُ مَوعِدَها

أحببتُها قدرَ ما أهدَتْ مِنَ البُغضِ

أطعَمتُها جامَ قلـبِي..
ليتَها قنَـعَتْ
ولمْ تُلَقّط فُتاتَ السّعْدِ مِن نَبضِي

يا أيّها العمرُ مـاذا بعد بسطِ يَدي
تركتَ لي..
غيرَ هذا الوَهمِ في قَبضِي؟

ما زلتُ أبحثُ

عن وجهي وأتلِفُهُ

وآخِرُ اللّيلِ

يُفضِي حيثُ بِي يُفضِي

كأنِني رَاكضٌ خلفِي

لأُمسِكَ بِي

وحينَ أدركتُ ذاتِي خانَنِي رَكضِي

مَن يا بناتِ عُيوني

سوفَ يَكفُلُني مِنكنَّ؟

هل لجناحِ الذُّلِّ مِن خَفضٍ؟

إنّي نفَضتُ يدِي

من كُلّ بارِقةٍ

حتى تعِبتُ من التّيْئيسِ والنّفضِ

كلُّ الليالي
على جَفنيَّ ساخِطَةٌ
فأيّ واحدةٍ بالسُّهدِ قد أرضِي؟

والهَمُّ..
أشـواكُهُ مَغروسـةٌ بدَمي
والنّومُ..
لا تَشـتهي أزهـارُهُ أرضِي

حتّى كــأنَّ سُــرورَ القلبِ
نافلةٌ
حتّى كأنَّ صَلاةَ النَّدبِ
مِن فَرضِي

يا قاضِيَ الحُزنِ
ها قدَّمتُ نازِلتِي
فاقضِ إذَنْ بالّذي قد شِئتَ أن تَقضِي

جَنَتْ عَلَيَّ نَوَاميسُ الشُّعورِ

فهلْ لِجِزيةِ الدّمعِ والخِذلانِ مِن نَقضٍ؟

ويا قَصيـدةُ

يا نَزفَ الخَيالِ

دَعِي

موتِي يهـونُ على إيقاعِكِ الفِضِّي

لا تَرفُضيني
فمـا في الصّدرِ مُتّسَعٌ
لكي يُطـيقَ فُـؤَداي أيّمـا رَفضٍ

جِيئي فِدَائيّة الألفـاظِ
نَاسِفَةً
وفَجّرِي في فَمِي المَعـنَى
أوِ انفَضّي

119

ثلاثُ بطاقاتٍ بريدية

مَرايا طَنجيس

جرّبتُ وصفَكِ

خابتْ كلُّ أوصَـــافِي

كأنَّما كَلِمـــاتِي مَحـــضُ أنصَـــافِ

وطفتُ..

في (نُزهَةِ المشتَاقِ) مُقتَفِياً

فَعُدتُ

لمْ يُغنِ عنّي طُولُ تَطْوَافِي

وكيفَ أصبُو

إلى حُورِيَّةٍ جفَلَتْ

والليلُ حطَّمَ فوق الصَّحوِ مِجْدَافِي؟

يا شِعرُ

يا شِعرُ كَمْ أحتَـاجُ مِن أرَقٍ

وهَـل دَوَاةُ الأغَـانِي حِبرُها كَافِ؟

هَذِي (عَرُوسُ الشَّمَالِ) الآنَ

شَاخِصَةٌ للقَـلـبِ..

رَاقِـصَةٌ مَا بينَ أعطَـافِي

مُـذْ كَـانَتِ المـدُنُ الزَّرقَـاءُ مُمكِنَةً

والبَـحرُ يَـأوي إلى مِينَائِها الطَّـافِي

والتِّـبرُ في رَمـلِها

يَـندَسُّ مُنَـتَـشياً

والأرضُ رَيّانَةٌ مِن مَائِهَا الصّـافِي

كَـأَنَّمـا مِـن جِنَـانِ الخـلْدِ

هاربةٌ أنسَامُها

أوْ رَنَتْ مِـن حُـلْمِ عَرَّافٍ

يَا قِــبْلَةَ الشوقِ

إنّ القَــلـبَ مُرتَحِـلٌ إليـكِ..

مُــدِّي ولَو دَرباً لإيـلَافِي

وَعَدْتُ (قَصْبَتَكِ) العُلْيَا

ومُتحَفَها

زِيَــارَتَيْنِ..

فمــا أقسَــاهُ إخــلَافِي

وحَنَّ قَـلـبِي
إِلَى (السَّـوقِ الكَـبِيرِ)
إِلَى هُـتَـافِـهِ
بَاعَةً مِن كُلِّ أصنَافِ

إِلَى (المغَـارَةِ)
في أَسـرَارِ وَحشَـتِها
نَامَتْ عُيُـونُ هِـرَقلٍ بَعدَ تَذْرَافِ

إِلَى المَنَارَةِ في (سْبارْطِيلَ)

رَافِـعَـةً

لِلمُــنتَهى رَأَسَهَا مَـا بَـينَ أجرَاف

وكَأسِ شَايٍ

بـ(مَقهى الحافةِ) اعتَصَرَتْ

مِـن قَـاعِهِ لَـذَّةَ النَّعنَاعِ أطرَافِي

يَا فِتـنَةَ الأَطَـلَـسِيِّ المستَحَيلَةْ

لَمْ تُحِـطْ بها صُــورَةً

عَينُ الفُوتُوغْرَافِي

تُبدينَ مِن بُرقُعِ التَّاريخِ وجهَكِ
أَمْ أشُمُّ في الميثُولوجيَا عِطرَكِ الخَافِي؟

عَبَرتُ بَابَـكِ
لَا الأَفـكَارُ تُرهِـقُنِي
ولَا الدِّيَانَاتُ صَخـرٌ فَوقَ أكتَافِي

خَلـعتُ إِثـنيّتِي الحمـقَـاءَ
مُرتَـدِياً هَـواءَكِ الكُوزمُبُولِيتَانِيَ الدّافِي

وفي شَوَارِعِكِ البيضَاءِ
عُـدتُ كَما وُلِدتُ..
طِفلاً أجَادَ العشقُ إرهَافِي

أَسِـيرُ فِيـكِ..
وَلي حَدسٌ يُنَبِّـئُني
بأنّني سَـائِرٌ مَا بَيـنَ أطْيَـاف

لرُبّمَـا لاَحَ لي (مَاتِيسُ)
مُنهَمِـكاً
في رَسمِ (نَـافِذَةٍ) للفُندُقِ الغَـافِي

وَرُبّمــا غَنَّتِ (البِيـتـلْزُ)

مُطرِبَــةً أصـــوَاتُهُمْ في المــقَاهِي

كُلَّ عَزَّافِ

وربّما قال لي: (الخِمْـيَائِيُ)

«اقـتَـنَعَتْ..

عَينَاي بالكنـزِ في إبـدَاع خَـزَّافٍ»

ومرَّ بي شَـارداً (بيكِيتُ)

يسأَلُ:

«مَا مَعـنى انتِـظَـارَاتِـنـا مِن غَير أهدَافِ

وهَـــل أَتى مَرّةً (غُودُو)؟
فمُذْ شجَنٍ
مَا زِلتُ أرقُبُهُ في ثَوبِ مُصطَافٍ»

كَأَنّ طَـنـجَةً تَحيَا
في الحكايـةِ..
لَا في حَـــيِّزٍ زَمَـــنيٍّ أو طُـبُـــوغْرَافِي

في صَوتِ (بُورُوزَ)

أو (كِيرْوَاكَ)

تَجمَعُهُمْ شَقَـــاوَةُ (البِيـتِ)

جِـيلاً دُونَ أعـــرَافٍ

وبَحــثٍ (يُولْ بولزَ)

عَن سَقفٍ لِيُنْسِيَهُ

حنينهُ بغتةً للموطنِ الجـــافِي

في قَسوَةٍ

شَيـخُ (بَنْ جَلّونَ) أدمَـنَـهَا

ونَشوَةٍ لم تُغَادِرْ سَـرْدَ (زَفْـزَافِ)

وفي تَـصَعْلُكِ (شُـكري)

في أزِقَّتِها

ونَـومِـهِ فَوقَ قَـبـرٍ غَيرِ مِضيَافِ

مُـكَـدِّساً (زَمَنَ الأخطَاءِ)

في فَـمِهِ

وغَامِـساً في الأَمَـاني (خُـبـزَهُ الحافِي)

134

طَنْجِيسُ

يَا رَبّـةَ البَحـرِ العَتِيـقَـةَ

لَا تنـأَيْ

فَـإِنَّ الهَـوَى مَـاضٍ بِإِتْـلَافِي

مُـذ وَرَّمَـتْ أعيُـنِي حُمّـى المسافَةِ

لمْ أزَلْ أنـاجِي ضَـريراً مَـوجَكِ الشَّـافِي

كَأَنّني كُلّمـا زُرتُ المَكَـانَ

طَـفَتْ لآلئُ دَاخِـلِي مِـنْ كُلِّ أصَـدَاف

وعَرّشَتْ في دَمِي الأَسوَارُ مُشرِقَـةً
مِن نُـورِ فجرٍ
تَـرَاءَى بعدَ أسْدَافِ

أصبـو إلَيـكِ
ورُوحـي الآن هَـائمـةٌ
وأنـثَـني..
بـينَ ألْطَـافٍ وألْطَـافِ

حَبَتْكِ هَذِي السَّمَـــاءُ السِّرَّ
فاجْتَمَعَتْ
فِيكِ الكَرامَـــاتُ مِن حُسْنٍ وأوصَافِ

وأوْرَثَتْكِ الحمَـامَـاتُ
الَّتي خَـرَجَـتْ
عَـن طَـوْقِهَا أُلـفَـةً في قَـلـبِ أُلَّافِ

قَبَسٌ مِن نُورِ الرِّباط

«بَنى يعقوب المنصور مدينةً محاذيةً لسَلا مِن أحسَن البِلاد وأنزهِها»
ابن الأثير

آيةُ الحبِّ:

أنّ قلبيَ عَاري

ليسَ تكسوهُ جُبَّةُ الأشعَارِ

أدفِنُ الصَّبرَ

تحتَ جِلدي فينمُو

مِن مَسامِي حَقلاً مِنَ الجُلَّنَارِ

فكأنَّ الأشواقَ فيَّ حَجيجٌ
كُلَّ ليلٍ تُعيدُ رَمْيَ الجِمارِ

شَطَّ عَنِّي المزارُ
يا ابنةَ أهلِي
وأنا لَا أُطِيقُ شَطَّ المزارِ

ونَفَثْني كفُّ المسافاتِ قَهراً
وانتظاراً مِن بَعْدِ طُولِ انتِظَارِ

فلمنْ أستفيضُ

في بثِّ حُزْنِي

وبمنْ أستعيضُ يا خَيْرَ دَارِ؟

كمْ ليالٍ قَضَيْتُها

بينَ خوفٍ ورجاءٍ

أهفو لِلَثْمِ الجدارِ

لَكأنِّي والسُّورُ أندَلُسيٌّ

دمعُ مُوريسكيٍّ على الأحجارِ

وكأني مُوَحِّدٌ تَناهَتْ

بِي حُمَيّا (المنصورِ) يومَ العِثَارِ

كُلُّ بابٍ علّقتُ فيه ذِراعِي

أثراً..

فوق سَالِفِ الآثارِ

ها عُيونِي..

تَرِفُّ زَوجَ حَمامٍ

كيف تَخفَى عن أعيُنِ الزُّوّارِ؟

أنا نخلُ الرَّصيفِ أفرَدَ كُمّاً
وضُلُوعِي انحناءةُ الأسوارِ

فلِمَ الصُّبحُ
لا يَضُمُّ ارتجافِي؟
ولِمَ الريحُ لا تَلُمُّ غُبَارِي؟

أتُرانِي سقَطتُ في البُعدِ سَهواً
أمْ تُراها لمْ تطَّرِدْ أخبَارِي؟

يا زمانَ الوصْلِ المعذِّبِ

أقبِلْ مرةً.. أسترِحْ مِن الإدبارِ

ربَطَ اللهُ

فوقَ قلبي (رِباطَ الفَتْحِ)

عِشقاً

عليه ضاقَ اصطِباري

كيف أوهِمتُ

عن هَواها انتقالاً

وهْيَ قَرَّتْ في الرُّوحِ أيَّ قرارِ

كَمْ تَراءَتْ في خَدِّها (شَالةُ) الحُسْنِ
طُلولاً تنأى عنِ الإقبارِ

منذُ شادَ الرُّومانُ فيها قلاعاً
لَمْ تَزَلْ قوسُها
تَشِي بانتِصَارِ

خَرَّتِ الأَرْكْيُولوجيَاتُ بُكِيّاً
لَمْ تُحِطْ ما بها مِنَ الأسرَارِ

كمْ ببابِ (الوِدَايةِ)

ابتلَّ قلبِي خاشِعاً مِن جَلالِها المتوارِي

كان ماءُ التَّاريخ يزرَقُّ فيها

زُرْقَةَ الخوفِ في وُجُوهِ الصَّوارِي

دُونَها في رباطَةِ الجأشِ

دُكَّتْ قَصَبَاتٌ

أمامَ غَزْوِ التَّتَار

وتعالتْ في الأُفْقِ

حِصناً أبيّاً

تحتهُ تُغمَدُ السُّيُوفُ العَوَارِي

كيفَ أنسى (حَسَّانَ)

صَومَعَةً

عَزَّتْ نَظيراً

في سائرِ الأقطارِ

صحنُهَا مسجدُ الجباهِ ابتهالاً

سطحُها الرّحبُ مضجَعُ الأقمارِ

لمْ يُهَنْدَسْ في شَكلها
أيُّ صَرْحٍ
أو تَصُغْ مِثلَها رُؤَى المعمَارِ

بِتُّ أشتَمّها
عَمُوداً عَمُوداً
وأعبِّي آذانها في جِرارِي

يا مُقيماً في الحيِّ
بَلّغْ سَلَامي للرباطِ
التي سَبَتْ أنظَارِي

سَرَقَتْني ساحاتُها

مِن هُمُومي

وسَقَتني واحاتُها باخضِرارِ

كُلُّ غَيْثٍ في مُزْنِها

مِن لُـجَيْنٍ

كُلُّ خيطٍ في شمسِها

مِن نُضَارِ

لِـ(أبي رَقراقَ)
الكَريمِ ضِفافاً
يَمَّمَتْ شَطرَهُ خُطى الأشجارِ

وإليهِ هفَتْ دموعُ السَّواقي
وعليهِ غفَتْ جُفُونُ النَّهارِ

كُلُّ وادٍ
يصبو إليهِ حَفيداً
عندما يحكي سِيرةَ الأنهارِ

لِرِمَال الشُّطآنِ

تكشِفُ غَمّي

ولموجٍ يَشفي غَلِيلَ الصَّحاري

ولِنَسْمَاتِ الأطلَسِيِّ مَسَاءً

تنفثُ السِّحرَ مِن أقاصي البِحَارِ

لِلْبنايات

ليسَ تَنْطحُ سُحْباً

أو تُخيفُ الأريجَ في الأزهَارِ

ولِصَدْرِ الإسمنْتِ

يحنُو شِتاءً

ويَزُفُّ الأعشاشَ للأطْيَارِ

في الرِّباطِ

الطبيعةُ البِكْرُ تَحيَا

رفقةً الميتروبولِ..

جاراً لِجارِ

وَالحضَارَاتُ
كُلُّها تَتَنَاغَى
والثَّقَافَاتُ أهلُها في حِوَارِ

كُلُّ مَقهىً وُجُودِي
فِيه تَنمُو حِكمةٌ
وَسْطَ زَحْمةِ الأفكارِ

في الرباطِ
الحياةُ أنضجُ وَعْياً
والثَّوانِي تُقاسُ بالأعمارِ

هِيَ وَسْطَ البلادِ

عاصمةُ الأنوَارِ

تكسُو البِلادَ بالأنوَارِ

لمْ تكُنْ غيرُها الّتي في خَيالِي

حينَ أنشدتُ:

«مَنْبِتَ الأحرارِ..»

منذُ فارَقْتُها

وقلبيَ يَتلُو

في المحطّاتِ (سُورَةَ الإنفِطَارِ)

مِنْ رَملها الغَالي

«شمسُ الصّحراء توقظُ حتّى الأموات»

إبراهيم الكوني

أيُّ بَيداءَ مثلها في البَيادي

طَالها الشَّوقُ..

لمْ تَطُلْها الأيَادي

فتَّتَ الله تِبْرَها

فاستَوَتْ غَادَةَ حُسْنٍ

تَغَارُ مِنها الغَوَادِي

قُل لِحَادي العِيسِ الّتي عَبَرَتْها:
قِف بِنا عندَ بَابها يَا حَادِي

ذِي (العُيُونُ) التي يُكَحِّلُها
لَيْلُ المعَاشيقِ
بالسُّهَا والسُّهَادِ

حينَ طالَعتُها..
تَيَقّنتُ أنّي
سوفَ ألقى في حُبّها استِشهَادِي

«مِن جَنُوبٍ وشَمألٍ»
رَقَّصَتْها الرِّيحُ
أجسَاداً دُونمَا أجسَادِ
فَوِهَادٌ

تميلُ تحتَ رَوَابٍ
ورَوابٍ
تَسيلُ فوق وِهَادِ

قِفْ بِـ(طَرفايةً)
الّتي بالنَّدى والوَردِ أفدِي أطرَافَها وأُفَادِي

وتَهَجَّى بينَ الكثابينِ
تاريخاً عَريقاً
قد خطَّهُ أجدَادِي

وبِـ(وَادِي الذَّهَبْ)
تَرَى شُعَرَاءً
لَا يَهيمُونَ بَعدَهُ في وَادِ

مُذْ خَبَا الاحتلَالُ

جَيشاً فجيشاً

وكَبَا في التّلَالِ كُلُّ جَوَادِ

وَمَشَى في مَسيرةٍ عَذْبَةٍ خَضرَاءَ

أهلُ الجِهَادِ صَوبَ الجِهَادِ

كُلُّ قَلبٍ لَبَّى النِّدَاءَ

وفي جَنْبَيْهِ

دَوَّى صَوتُ الحسَنْ إِذْ يُنَادِي:

قد عَزَمنا يَا شَعبُ

أن نُشعِلَ الصَّحراءَ نَصراً بدُونِ قَدحِ زِنَادِ

فارفَعُوا رَاياتِ الحِمى

وكتابَ اللهِ

تَصفُو لَكُمْ قُلُوبُ الأَعَادِي

يا بِلَادَ الدُّنيا

اقرَئي المجدَ فينَا

هاهُنا صَفحَةٌ مِن الأمجادِ

هذه صحراءُ المغارِبَةِ الأحرَارِ

«لم يُخلقْ مِثلُها في البِلَادِ»

فَرطَ مَا قد تَحرَّرَتْ

لَيس تُصغِي

ريحُها لِلخِيَامِ والأوْتَادِ

161

كلَّما قد ملأتُ مِن رَملها الغَالِي يَدِي..

أو ذرَوْتُهُ في اتِّآدِ

لَستُ أدري

أحَفنَةً مِن رمالٍ

كنتُ أذرو

أمْ حَفنةً مِن فُؤَادِي!

سأحملُكَ يا سِيزيف

«يجب على المرء أن يتصوَّرَ سيزيف سعيداً»
ألبير كامو

تحت سفحِ الأُلْمْبِ جَلَسْتُ أُراقِبُه:
كَان يَحملُ صَخْرَتَهُ فوقَ كَاهِلِه ثُمَّ يَصْعَدُ
لَكِنّها تَتَدَحْرَجُ قَبلَ الوُصُولِ إلى القِمّةِ المستَحيلَةِ
ثم يعود ليحمِلَها من جديدٍ.. ويَصْعَدُ

قُلتُ لهُ ذاتَ يومٍ: أيجدُرُ بي أن أراكَ سعيداً
وقَلبُكَ مُمتلئٌ بالصِّراع
لأجْلِ الوُصُولِ إلى قِمّةِ الجبَلِ الضّخْمِ؟

قالَ: أَنا لا أُحِسُّ بشيءٍ سِوى مَا تحسُّ بِهِ صَخرَتي

حينَ تَدفعِني للنزول فأحملها عالياً

قُلتُ: لوْ رُبما قدْ كتبتَ اعتذاراً لزيّوسَ

عَمّا اقترفتَ سَيُنهي عَذابَكَ

لَا شَيْءَ أكْثَرُ مِن ضَعفِنَا يُعْجِبُ الآلهَةَ

فرَدَّ عليّ وفي صوتهِ الانزعاجُ الخفيفُ:

ومنْ سَأكونُ إذا ما تخلَّيْتُ عن عِبْءٍ أُسطورَتِي

لأعيشَ عَلَى هَامِشِ اسْمِي؟

لستُ في منتهى العَبثيّةِ مثلكَ..

لا بدّ لي أنْ أعُودَ لأحملَهَا من جديدٍ

وإن كنتُ أدركُ أنِّي لنْ أستَطِيعَ

الوُصُولَ إلى قمة الجبل الضخمِ

قلتُ لَهُ مَازِحاً: رُبَّما حينَ تيأسُ

من حَمِلهَا ذَاتَ يومٍ وتسقط أرضاً

أجرّبُ حَمْلَكَ أنتَ إلى القِمّةِ الشّاهِقَةْ

ووَدّعتُهُ ثُمَّ عُدتُ لِأُكمِلَ قَيلولتي الفَلسفيّة

بينَ ظِلال الشّجَرْ..
وَمَا زَالَ سِيزيفُ يحملُ صَخرتَهُ عالياً

وما زلتُ مُسْتَلقياً أسفَلَ المنْحَدَرْ

أنتِ (قِفا نَبْكِ)

أَتِلكَ عُيونٌ

أم كُؤوسٌ مِنَ الويسكي؟

يُمِلنَ فؤاداً

كانَ أقسَمَ بالنُّسْكِ

تَسيرينَ..

والعِطرُ الخَليجيُّ شامتٌ:

أمِت أيها المِسكينُ شمَّكَ

بالمِسكِ

كأنَّ على الخدَّين ياقوتةً
غفَتْ
وحُرّاسُها الأهدابُ
جيشٌ مِن الشَّوكِ

وفي ثغرِكِ السيّافِ
جرحٌ نزَفتُهُ
فَيَا ثغرَها: باللهِ كُفَّ عن السَّفْكِ

لقد فاقَ ذاك الحُسْنُ وَصفِي

ومَن إذا وصفتُكِ لمْ يحسَبْ حديثِي مِن الإفكِ؟

ربَطتِ أيادي اللَّيلِ..

مَا ذنبُ مِشْبكٍ

بهِ الخُصلَةُ السَّوداءُ تصرُخُ: أنْ فُكِّي؟

وزاحمتِ نُورَ الشَّمسِ

وقتَ طُلُوعها

ولمْ أكُ قد أبصرتُ شَمسينِ في الفُلْكِ

فيا دَربَها

أعشِبْ حَماساً ونَشوَةً

فِدا كعبِها العالِي..

فِدَا مَضغةِ العِلْكِ

وأفرِشْ لها الوَردَ المُضَمّخَ بالهوى

ووَشوشْ لها بالشَّوقِ..

يا طائرَ الأيْكِ

يُسائِلُني الأصحابُ..

ماذا سأتّقي

منَ المَشهدِ الأحلَى وماذا لكُمْ أحكِي؟

أأحكي لَكُم عن جِيدِها الدَّافئ

الذي بهِ تحتمي الشِّيلانُ

مِن عَيشِها الضَّنْكِ؟

لها بسمةُ الألماسِ

أُصقِلَ نَضْدُها

ولا أحسَبُ الألماسَ يَرخصُ بالتَّرْكِ

تمرّ كأنّ الثلجَ..

قد مَرَّ جانبِي

فتُذْكِي بأضلاعي مِن النّار ما تُذكِي

لقد أتقنَ المعبودُ صوغَ جمالِها

فلو مُشرِكاً ضمَّتْ

لتابَ مِن الشِّركِ

ولوْ حدّثتْ شَيخاً لذابَ لغُنجِها

*وإن كانَ في دُنياه أزهَدَ مِن (كشْكِ)

تَمَلَّكَتِ الأنفاسَ مِنّي

وليسَ لِي

سِوى أن أُقاضيها إلى مَالِكِ المُلْكِ

سألتُكِ..

يا محبوبةَ القلبِ مَرّةً

أنِ اتّبعي قلبي عَسى اللهُ يُحبِبْكِ

دَعي قِصَّةَ العُشَّاقِ

تأتي سَعيدةً نهايتُها..

إنِّي تَعِبتُ مِنَ الحَبْكِ

أرى النِّسْوَةَ اللَّائي حَسُنَّ قصائداً

وبينَ ذواتِ الحُسْنِ

أنتِ (قِفا نَبْكِ)

في انتظار قافيتي

لا شِعرَ في هذا اللّيلِ ينجزُني

وعدَ الصّباح المخمودِ

في حُرَقي

أدقُّ نومي العنيدَ..

أدفعُهُ حتى أرى الأمنياتِ واضحةً

لكن تطلُّ الأشباحُ مِن أرقي

على ضفاف البلاغةِ

امتلأَتْ شُطآنها بالغرقى

تحُفُّهمُ قصائدُ النثرِ

قمتُ ألفظُ ما في رئتي من مُلوحةِ الغرقِ

هل همتَ خلف الأضدادِ

يا شبَهي

بحثاً عن المعنى البكرِ في الطُّرُقِ؟

أم تهتَ

بينَ المدادِ والورَقِ؟

كأنِني في انتظارِ قافيتي

تلهو بقلبي الأوجاعُ

يا لغتِي: هل سوف يُفضي الإيقاعُ

في شفتي مِن بعد هذا الضّنا لمُفترَقِ؟

حملتُ حُزنِي القديمَ

مُتّكئاً على الحنينِ المنقوشِ في صِفتِي

وقلتُ للحبرِ: اندسَّ في خُرَقِي

وقلتُ للرّافعينَ مِقصَلتي:

قصيدتي لا من وحي أخيِلي

بل ما أسالَ التجريدُ من عرَقِي

ضحكةٌ من نبيذٍ

«أتأتي من السماء الغائرةِ أم تصعدُ من الهاوية، أيها الجمالُ؟»
بودلير

فاضَ المحبُّ

وفاظَا

في وَصْفِها ألفَاظَا

تلكَ التي

لا نِياماً أبقَتْ

ولا أيْقاظَا

لوْ لمْ تَسِرْ

في دلالٍ

ما أجَّ صيفٌ وقَاظَا

المقتفَاةُ اشتماماً

والمشتَهاةُ التِماظَا

والمجتنَاةُ لِحاظاً

لا تشبهُ الألحاظَا

عينانِ..

كم مِن عُصاةٍ تاهوا

وكم وُعّاظَا

لا تَغسلانِ ذُنُوباً

بل تُرسلانِ شُوَاظَا

وضحكةٌ مِن نبيذٍ

تَخشى عليه الحفاظَا

تَستلُّ وجهاً صَبُوحاً
منه الصَّباحُ اغتاظَا

إذْ رَقَّ صَوتاً
فأخفَى عنها القلوبَ الغِلَاظَا

وراقَ سمتاً
فأحيَا
في كُلّ مَقهىً عُكَاظَا

كأنما حُسْنُ رَبِّي
يكتظّ فيها اكتِظاظَا

على قَيدِ الشّقاءِ

«لا أستطيعُ تخليصَ نَفسي مِن الشُّعور بأنّني لستُ في المكانِ المناسبِ»
كافكا

ثِمارُ اليأسِ

تنضجُ في وَريدِي

كسِرِّ الشيخِ

في قلبِ المُريدِ

كأنّي دمعةٌ من عينِ أعمىً

تفيضُ بغُربتِي

كأسُ الوُجُودِ

وحولِي الناسُ في كلّ اتجاهٍ

وبينهمُ..

ولكن كالوحيدِ

قرأتُ قصيدةَ الدُّنيا مراراً

فلمْ أعثُر على بيتِ القصيدِ

وجُبتُ الليلَ

في طُولٍ وعَرضٍ

ولِي جفنٌ

يحِنُّ إلى الرُّقودِ

أنا المسجونُ

بَين صدى حواسِي

أعِي..

لكنّ وعِيي في قُيودِ

وتأخذُني الخُطَى

نحو الخطايَا

ولِي قلبٌ بهِ بأسُ الحَديدِ

فليسَ يُريحُنِي

إلّا فنائِي

ولستُ أخافُ إلّا من خُلودِي

وكيفَ سأتّقِي النارَ

التي لا تَرى في مُهجتِي

غيرَ الوَقُودِ

وأبعدُ ما يكونُ اللهُ عنِّي

إذا سبّحتُ باسمهِ في السّجُودِ

نقشٌ على الشَّاهِد

«عشِ ما شئتَ فإنّك ميّت»
جبريل

وحِيداً

إلى الموتِ أمشِي

وعُمرِيَ طَرفَةُ رِمشِ

تأمّلتُ لُغزَ وُجُودي

فزِدتُ يَقيناً بطَيْشِي

وهل خَلّدَ العيشُ نَفْساً

لتَغتَرَّ نفسِي بعَيشٍ؟

كَرِهتُ المَنازلَ

لمَّا رأيتُ مِساحةَ نَعشِي

ولمْ أفتَرِشْ غيرَ زِندِي

فَفِي تُربةِ القبرِ فَرْشِي

غداً بالبيَاضِ أُغَطَّى

علامَ ثيابِي أُوَشِّي؟

وكيفَ أجُوعُ

ودودُ المقابرِ يسعَى لنَهشِي؟

أنا عفَنُ الأرضِ
ماذا ستُجدي العُطُورُ بِرَشِّي؟

سأخلَعُ تاجِي وأمضِي
وإن كانَ لي ألفُ عرشٍ

فيَا فِكرةَ الوقتِ
هُونِي
ويا سَكرةَ الموتِ..
هَشِّي

وَيا أُمُّ

في الفَقدِ نُوحِي عَلَيَّ..
بصَوتٍ أجَشَّ

لقد كانَ لِي اسمٌ
بِسِرِّي على شاهِدِ القَبرِ يُفشِي

ولَمّا نُسِيتُ..
انْمَحَى
لمْ يَعُدْ فوقَهُ غيرُ نقْشِ

ضَجَرٌ في الأَبدِيّة

في البَرزَخ حيثُ..
ولا حيثُ
وَحدِي وخُطَى السّأَمِ أَحُثُّ

لا أَرضاً
كي تطأَ عَليهَا قَدمايَ
ورُكَبي إنْ أَجثُو

والوَقتُ..
بلا وجهٍ يَمضِي
سِيّانِ العَجَلُ أَوِ الرَّيثُ

قَبري في الأُفُقِ

ولَا أَحَدٌ

ليزُورَ فينهَمِرَ الغَيْثُ

أنا صَاحبُ كَهفِيَ

لكنِّي

لَا أعرفُ فيهِ كَمِ اللَّبْثُ

عَظْمِي وَهِنْ

رُوحي اشتعَلَتْ شَيْباً..

ثوبِي كَفَنٌ رَثُّ

أبحثُ في الأبديّةِ عَمّنْ قد كُنتُ

فيُتعِبُنِي البَحثُ

ضَجِرٌ..

لا شيءَ يُسَلِّينِي

إلَّا فِكرَةَ أنْ لي بعثُ

ستة عشر بحراً لغرقٍ واحدٍ

«لولا الموسيقى لكانت الحياة خطأً»
نيتشه

(1)

هُنا فوق هذا النصِّ

أنقشُ صُورتِي وسِيرتيَ الأولى..

هنا الآنَ أحترقْ

أفتّتُ قلبِي كيْ يَصيرَ قصيدةً

وتُصبحَ روحِي

نَفخَةً الحِبرِ في الوَرَقْ

لأنّ بُحورَ الشِّعرِ

تصرُخُ دَاخِلي

سأنشِدُ مَوّالي لأنجُو مِن الغرَقْ

(2)

أيها الموجُ الَّذي زَمناً

في فُؤَادي

ظَلَّ مُصطَخِبَا

لمْ تَذَرْ في مُهجَتي رمقاً

كي أُواري العُنفَ والصّخَبَا

هَا أَنا أنسَابُ مِنّيَ

إذْ كُلُّ نَبضٍ في الفؤادِ خَبَا

(3)

أنسَابُ مِنِّي..

كما تَنسابُ أغنِيَةٌ مِن ناي رَاعٍ

وأعلُو فَوق سَطحِ دَمِي

كأنَّني فَوق هَذي الأرضِ داليةٌ

خَضرَاءُ أغصانُها تَهوِي

إلَى العَدَم

مُعَتَّقٌ بالأسى صَدري

وبِي قَلَقٌ

سُلافُهُ ضَارِبٌ في السُّكرِ والقِدَم

(4)

سأعصِرُ كَرمَةَ المعنى

فذُوقوا كُؤوسي

واشرَبُوا مِن خَمر روحِي

تُجرِّحُني القَصيدَةُ حينَ تَمشِي إليَّ

أيانَ أُشفى مِن جُرُوحي؟

ولِي مِن عَوْدِيَ الأَبَدِيِّ ثأرٌ

أُضَيّعُه

كأنِّي (ذُو القُرُوحِ)

(5)

لِيَ خَيبتي مِن كُلّ شَيءٍ..

مِن صُرَاخٍ وِلَادتي ومِنَ الحيَاةِ..

مِنَ الرّدَى..

مِن قَسوَةِ الإدرَاكِ لمْ يَزَلِ الشّعُورُ يُشيبُني

مُذْ كُنتُ شَاباً أمرَدَا

ومِنَ الحنينِ..

إلى الّذي قد فاتَ ليسَ يَعُودُ..

مِن خَوفٍ عَليَّ تَمرّدَا

(6)

مُعَلَّقٌ عَلَى النّجمَاتِ
فوقَ المنتهَى أطفُو

وأمنِيَاتِيَ البيضَاءُ
كالأزهَارِ تَصْطَفُّ

يَدي تمتدُّ
لكن..
لا يَمدُّ لي بها القَطفُ

(7)

كأنّني في كُلّ حُلْمٍ

عِشتُ عُمراً كَامِلاً

لكنّني لا أذكُرُه

أعرفُ وجهي حينَمَا أغفُو

ولكنْ حينَ أصحو

أعيُني تَستَنكِرُه

يا أرَقِي المرَّ.. أسِلْ هَذا الخيالَ قَصَباً

حَلّى وُجودِي سُكَّرُه؟

(8)

مَن أنا لولَا خَيَالي؟

أيُّ شيءٍ كُنتُ يَا عرَّابتِي

قَبلَ خَيَالِي؟

كُنتُ ناراً

في احتراقِي مِثلَ عَنقاءِ السّمَا

أم كُنتُ غَيثاً في انهيالِي؟

لَمْ تَكُن إلَّا عَجيناً مِن تُرابِ الشِّعرِ

قَالتْ لِي اللَّيالِي

203

(9)

لَولا المجازاتُ التي ترتوِي

مِن سَهَرٍ

على سوناتا القَمَرْ

لَمْ تكُ إلّا ولداً

أسمراً عَبر دَهاليزي الطّويلَةِ مَرّ

يا ابنَ المراثِي

جِئْتَنِي واحداً

فاخترْ هزيعاً.. كيْ تموتَ زُمَرْ

(10)

مُزدَحماً بالخيباتِ

مُلتَحماً بعُزلتِي في الوُجُودِ أنبَلجُ

خَرجتُ مِن بابِ الفَجرِ

كَان فمِي

هُدىً لمن بابَ اللّيلِ قَد وَلَجُوا

يُمرُّ بِي طَيفُ الحبِّ في عجَلٍ

وكُلّما مَسَّ القلبَ يَختلجُ

(11)

لا طَريقاً

تُعيدني صَوب نَفسِي

أو رَفيقاً

أشكُو لَهُ مَا أُقاسِي..

يا لهَذَا الشَّتَاتِ

فضَّ سِنِيني..

يا لَقَلبِ الحياةِ: كمْ هُوَ قَاسِ

مُذ رَمَتني مِن بطنِها عَارِياً

لمْ أُلْفِ لِي أيَّ غِبطَةٍ

في مَقَاسِي

(12)

إلى الموتِ سِرتُ..

رُوحاً على الذكرياتِ

تَحيَا

أنا في الهوى نبيٌّ

مِن الحزنِ صَاغَ وَحياً

وذِي أدمُعي

وشومٌ على القلبِ والمحيَّا

(13)

سِرتُ..

والقصيدَةُ لمْ تلتَفِتْ إلى صِفَتِي

كُلّما أشرتُ لَها: يا قصيدةُ التِفتِي

للمُدى على عُنُقي

والنِّدا على شَفَتِي

(14)

رَدَّت عليَّ بغُنْجٍ
وأدبَرَتْ في سُكُونٍ:

أنتَ الّذي شئتَ وَصلِي
فقال لِي الليلُ:
كُونِي

أمّا أنا يا شَقِيقِي
فاعتدتُ مَعنى الرّكُونِ

(15)

كَأنّ القَصيدَةَ

في الحلْقِ شَوكٌ أغُصُّ بهِ

والقَوافي حِرَابُ

كأنِّي أرَانِيَ أعصِرُ شِعراً

وتَعبيرُ رُؤيايَ

هذا الخرَابُ

مَلأتُ جِرابي بماءٍ المعاني

فأفلَتَ ماءَ المعانِي الجِرابُ

211

(16)

أيّها الشّعرُ عَمِّدْ بَيَانِي
وضَمِّدْ شُقُوقَ لسانِيَ حِين يِنزّ كَلَامَا

خَارِجاً مِن كِيانِي
أصيرُ صَدَى فِكرَةٍ عَن زَمَانِي
أصيرُ هُلَامَا..

أيّها الشّعرُ كُن في اتّقادِي
وزَحفيَ صَوبَ رمادِيَ بَرداً سَلَامَا

212

وارثُ الشُّعراء

على قَدْرِ أحزانِي
القَصيدَةُ ترقُصُ
ويزدادُ إيمانِي بِها.. ثم يَنقُصُ

لقد أخلَصَتْ للشِّعرِ رُوحي تَوَتُّراً
فمنْ سوفَ يَروي الشِّعرَ عنِّي ويُخلِصُ؟

أرَى حولِيَ الأكوانَ
يمتدُّ سمعُها
ولكنَّ صوتاً داخلِي يَتقلَّصُ

أنا آخرُ المارِّينَ

في دَربِ إخوَتِي

لِمَوتِي الذي مِن حِضنهِ أتملّصُ

سأتركُ خلفِي الأغنياتِ

مُشَاعَةً

فلَا تُنكِروا الرُّؤيا التي عِشتُ أقصُصُ

تقمَّصتُ مَن قَبلِي إلى الشِّعرِ

سافَرُوا وفِي دَمِهِمْ ما لمْ يكُنْ يُتقَمَّصُ

وحاوَرتُهُمْ نَصّاً فنَصّاً..
وعندمَا سألتُهُمْ عن جوهَرِ الشِّعرِ نَصَّصُوا..

فضحَّ (امرؤُ القيسِ): القصيدةُ أن تَرَى
دُرُوعَك في الثَّأرِ المُؤَجّلِ تَشخَصُ

وغمغَمتِ (الخنساءُ):
بل نِصفُ بَسمةٍ
تُخبِّئُها عن مَدمعٍ يتلَصَّصُ

و(حسَّانُ) نادى:

ذاكَ وجهُ مُحَمَّدٍ

وكفٌّ بها حَقُّ السَّماءِ يُحَصحِصُ

وزادَ (جريرُ): الشَّعرُ أن تبكيَ الّذي

لسانُك يوماً كان يهجو ويَقرُصُ

فلا تُبلِغَنْ قبرَ (الفرزدَقِ)

أنَّني كنَنتُ لهُ الوِدَّ

الذي ليسَ يَرخُصُ

وأفتى (أبو تمّامُ):
قلُ ما تشاءُ أن تقولَ..
وللمُصْغِينَ أن يتفَحَّصُوا

وبِي (المتنبِّي) صاحَ:
أعلَى قصيدةٍ
إذا اخترتَ أن تَفنَى وقلبُكَ ينكُصُ

فما دُمتَ تَلقى حتفَكَ
اليومَ أو غداً
علامَ إذَنْ يا صاحبِي سَوفَ تحرِصُ؟

ونَمَّ (المَعرّي): الشِّعرُ عينٌ بَصيرةٌ
بها كُلَّ غزلانِ المجازاتِ تقنِصُ

وتركُ اللُّزُوميّاتِ
تَمضي لِحَالِها
لأنَّ القوافي تُجتَنَى..
لا تُرَصَّصُ

وأمّا (ابن زَيدونٍ)
فأطرقَ رأسَهُ
وقد وَدَّ وصلاً عيشُهُ لا يُنغَّصُ:

تربّصْ بحَسناءِ القصائدِ وحدَها

تَفِي..

لوْ بِكُمْ كُلُّ الوُشَاةِ تربَّصُوا

ولمَّا أزَلْ أرنُو لأشعارِ مَن مَضَوا

وأصغِي..

إلى ما لم يُقَلْ وأُمَحِّصُ

لعَلِّيَ أدري أيّ شَيءٍ أحاقَ بِي

وأفهمَ ما خَطبِي

ودائِي أشَخِّصُ

أرى فوقَ أوراقِي أصابعَهُمْ

بدَتْ مُعفَّرَةً بالحبرِ..

تُوشِكُ تعفِصُ

وألمحُ في وَجهي ملامِحَهُمْ

فلَا أقولُ:

لِمَ البَلوى بصَدري تُقَرفِصُ

كأنّي بجُرح الشِّعرِ
وحدِي مُوَكَّلٌ
وقلبِي لمأساةِ الكلامِ مُخَصَّصُ

وقد أورثَ اللهُ الأسى كُلَّ شَاعرٍ
وأورثهُمْ لِي..
ثُمَّ جِئتُ أَلَخِّصُ

الفهرس